AF403583

LES ANCIENNES LOIS DE L'ISLANDE,

PAR M. R. DARESTE.

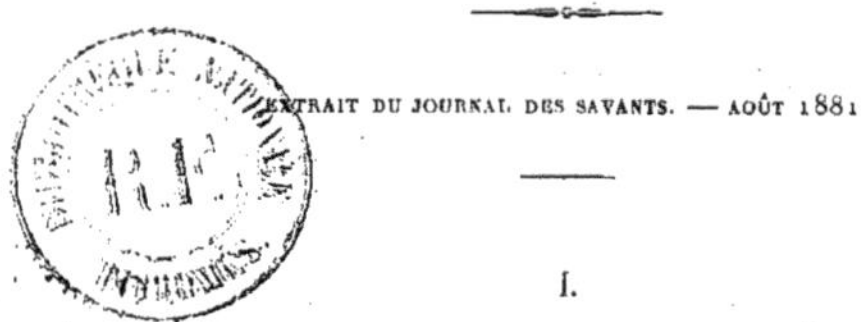

EXTRAIT DU JOURNAL DES SAVANTS. — AOÛT 1881.

I.

Parmi les pays scandinaves l'Islande mérite une attention toute particulière. C'est là en effet que se trouvent les plus anciens monuments de la langue et de la littérature du Nord. Les lois islandaises, telles que nous les possédons, ne remontent pas plus haut que celles du Danemark, de la Suède et de la Norvège, mais elles portent plus profondément l'empreinte du droit primitif.

Découverte et colonisée par les Norvégiens au ix⁰ siècle, l'Islande est restée une république indépendante pendant trois cents ans, jusqu'au jour où elle fut réunie à la couronne de Norvège par le roi Haakon Haakonssön (1262-1264). Pendant toute cette période, le pouvoir législatif appartint à l'assemblée générale (*Allting*). Nous possédons plusieurs monuments du droit de cette époque; les plus importants sont l'ancien droit ecclésiastique rédigé en 1123, et surtout le recueil général du droit islandais connu à tort sous le nom de *Grágás*. Ce nom, qui signifie *oie grise*, est tiré de la couverture du livre. Lorsqu'on trouva un des manuscrits de ce recueil en Norvège, au xvii⁰ siècle, on crut y voir un exemplaire des lois que la légende attribuait au roi norvégien S⁺ Olaf, et l'on donna au vieux Code islandais le nom que la légende avait donné au Code imaginaire d'Olaf. Quoi qu'il en soit, ce recueil n'a pas de caractère officiel. C'est une sorte de coutumier, dont nous possédons deux rédactions différentes, écrites au moment où l'île se soumettait au roi de Norvège; en effet, l'une se place entre 1258 et 1262, l'autre entre 1262 et 1271.

Un des premiers soins du roi de Norvège, devenu maître de l'île, fut d'y introduire la législation norvégienne. En 1270, il envoya en Islande un code, qui fut adopté par l'Allting, de 1271 à 1273. Ce code, emprunté aux anciennes lois norvégiennes, porte le nom de la Côte de fer (*Járnsida*) probablement encore par allusion à la reliure dont il était couvert. Mais les Islandais le trouvèrent trop éloigné de leurs anciennes coutumes. Aussi, dix ans après, en 1280, le roi de Norvège Érik, fils de Magnus, envoya en Islande un nouveau code que son père avait fait préparer, en partie d'après l'ancien droit islandais et en partie d'après le Code général norvégien de 1273. Ce livre fut porté en Islande par le lagmand Jón Einarsson, et accepté, quoique non sans difficulté, par le peuple et le clergé. Il est connu sous le nom de *Jónsbok* et forme encore aujourd'hui la base du droit islandais[1].

Une nouvelle loi ecclésiastique avait été publiée en 1275. Elle porte le nom d'Arne, évêque de Skalholt.

À ces deux lois sont venues s'ajouter un grand nombre de lois et d'ordonnances émanées des rois de Norvège et de Danemark. Quand la Norvège eut été réunie à la Suède en 1814, l'Islande resta unie au Danemark. Depuis longtemps elle avait perdu le droit de s'administrer elle-même. L'Allting lui-même, quoiqu'il n'existât plus que de nom, avait été supprimé en 1800. Il fut rétabli avec pouvoir consultatif en 1843. Enfin, le 5 janvier 1874, une constitution particulière a été donnée à l'Islande, avec le droit de régler elle-même par des lois spéciales tout ce qui concerne le droit privé, le droit pénal et la procédure.

II.

Nous pouvons nous dispenser d'exposer ici la constitution primitive de la république islandaise. Cette tâche a déjà été remplie par un de

---

[1] Il y a trois éditions des Grágás. La première, publiée à Copenhague en 1829, par Thord Sveinbiörnson, avec une traduction latine, a le tort de réunir et de confondre deux textes différents. Il fallait publier ces deux textes séparément. C'est ce qui a été fait par M. Finsen, d'abord pour le *Codex regius* (texte et traduction danoise, Copenhague, 2 vol. in-8°, 1852-1870) et ensuite pour le *Codex Arna-Magnæanus* (Copenhague, 1 vol. in-8°, 1879; texte islandais sans traduction).

L'ancien droit ecclésiastique, de l'an 1123, a été publié par Thorkelin (Copenhague, 1776, in-8°).

Le Járnsida est compris dans le Recueil des anciennes lois norvégiennes. Une édition avec traduction latine a été donnée par Thord Sveinbiörnson (Copenhague, 1847, in-4°).

Le Jónsbok a été souvent imprimé. La dernière édition a été publiée en 1858, à Akureyri, en Islande. Il en existe une mauvaise traduction danoise.

Enfin il existe aussi un *Diplomatarium islandicum*.

nos confrères, et il suffit de renvoyer au savant mémoire de M. Geffroy[1]. On y voit comment le territoire fut divisé en trente-neuf seigneuries (*Godord*); comment, cinquante ans après la prise de possession, fut fondée l'assemblée générale (*Allting*) qui se réunissait tous les ans, au mois de juin, dans la plaine de Tingvellir; comment se formait dans cette assemblée le Corps législatif (*lögretta*), comment se composaient les quatre tribunaux pour les quatre quartiers de l'île, et le cinquième tribunal créé plus tard pour compléter l'édifice; comment enfin fonctionnaient les assises locales qui se tenaient, au nombre de douze, dans les seigneuries, au printemps et à l'automne, et quelles étaient leurs attributions. On y voit aussi comment la présidence de l'assemblée générale était confiée pour trois ans à un magistrat nommé par les seigneurs et appelé *Lögsogomadr*, «l'homme qui dit la loi,» *viva vox juris civilis*. Ce magistrat était chargé, entre autres choses, de lire et d'expliquer la loi au peuple, à l'assemblée, et il était tenu, sous peine d'amende, d'achever ce cours dans l'espace de trois ans, sans négliger aucune matière. Le mémoire de M. Geffroy nous permet de laisser de côté toute cette histoire et de nous borner à quelques remarques sur les jugements et la procédure.

C'est une règle fondamentale que l'Islandais doit être jugé par ses pairs. Tout tribunal se compose de trente-six personnes, nommées par les seigneurs pour la session et pouvant être récusées par les parties dans une large mesure. Il n'y a d'exception que pour les affaires de bornage et pour les liquidations de succession; la décision, en ce cas, est remise à douze juges seulement, qui rendent leur sentence sur les lieux. ou dans la maison du défunt. L'unanimité est exigée. S'il se forme deux opinions, c'est le tribunal supérieur ou cinquième tribunal qui décide, et cette fois à la majorité. En même temps il prononce l'amende contre les membres du premier tribunal qui ont rendu la sentence réformée.

La procédure surtout est originale. A la place du duel judiciaire, expressément aboli en 1011, les ordalies, et notamment celle du fer rouge, s'introduisirent en Islande comme dans les autres pays scandinaves, mais ne furent presque jamais pratiquées. Nous ne rencontrons pas non plus

[1] *L'Islande avant le christianisme*, d'après les Grágás et les Sagas, par M. A. Geffroy, dans les Mémoires présentés par divers savants à l'Académie des inscriptions et belles-lettres, 1ʳᵉ série, t. VI, 1864. Voyez aussi M. Maurer, *Island von seiner ersten Entdeckung bis zum Untergange des Freistaats*. München, 1874, in-8°, et Hildebrand, *Lifvet på Island under Sagotiden*, in-8°, Stockholm, 1867.

en Islande l'institution des cojureurs. La preuve devant les tribunaux se fait de deux manières, par témoins et par enquête (*kvidr*). Ce sont deux moyens distincts, à ce point que l'un ne peut être employé pour combattre ou détruire l'autre. Si l'on a recours au témoignage, chaque partie fait entendre ses témoins, qui déposent sous la foi du serment. Un témoin isolé ne fait pas preuve, mais deux témoins concordants suffisent pour établir un fait, et deux valent autant que dix. Ainsi s'exprime le Grágás, dans les mêmes termes que la loi norvégienne.

Mais la preuve par témoins fait souvent défaut, et surtout dans les temps de violences, où les témoins se laissent facilement intimider. Aussi la preuve la plus employée était l'enquête ou *kvidr*. On appelait, pour établir un fait, les personnes les plus voisines du lieu où le crime avait été commis, ou bien, en matière civile, les plus voisines de la propriété litigieuse ou du domicile des parties. Les voisins ainsi appelés prêtent serment et disent ce qu'ils savent, ou tout au moins ce qu'ils croient, car la plupart du temps ils peuvent ne rien savoir. A ce point de vue ce ne sont donc pas des témoins. Ce ne sont pas non plus des juges, ni même ce que nous appelons des jurés, car ils ne décident rien; la décision, sur le fait comme sur le droit, appartient au tribunal. Enfin ce ne sont pas des cojureurs, car ils peuvent rendre une déclaration contraire à la partie qui les a appelés, tandis que le cojureur affirme par son serment la sincérité du serment prêté par la partie. Pourtant c'est un peu de tout cela, quelque chose d'analogue à la jurée de douze voisins dont nous trouvons la trace dans l'ancien coutumier de Normandie (chap. 66, 68, 69; cf. *Les établissements de Normandie,* éd. Marnier, p. 22, 37, 38). Nous avons déjà vu que le germe de cette institution se retrouve dans la loi norvégienne (*heimiliskvidarvitni*).

La *kvidr* était amenée à l'audience par le demandeur. Elle comptait, en général, neuf personnes, quelquefois cinq, quelquefois aussi douze. Dans ce dernier cas, elle se composait nécessairement du seigneur et de onze voisins nommés par lui. Le défendeur pouvait exercer des récusations motivées, et les récusés étaient remplacés par d'autres. La *kvidr* ainsi formée rendait une déclaration unique, à la majorité. Si cette déclaration était contraire au défendeur, celui-ci était admis à faire une contre-enquête, qui consistait à prendre cinq des neuf voisins produits par le demandeur, et à leur demander une déclaration. C'était en réalité récuser après coup quatre personnes sur neuf, et l'on comprend que cela dut souvent suffire pour déplacer la majorité.

On trouve dans les Grágás un grand nombre de formules. Les divers actes de la procédure s'accomplissent au moyen de certaines paroles sacramentelles auxquelles il n'était permis de rien changer. C'est là un trait de la législation primitive. Remarquons seulement qu'à Rome le formalisme a toujours été considéré comme une institution aristocratique, maintenue par les patriciens qui tenaient à être les seuls jurisconsultes. En Islande, au contraire, l'usage des formules paraît avoir été regardé comme favorable à l'égalité démocratique. L'homme du peuple pouvait se présenter sans crainte devant le tribunal et soutenir un procès sans être exercé dans l'art de la parole.

III.

Le droit, civil et criminel, n'est pas moins remarquable que la procédure. Nous l'exposerons moins brièvement. L'esclavage s'est maintenu en Islande plus longtemps que dans les autres pays scandinaves. On ne trouve même pas de loi qui l'ait supprimé. L'institution paraît s'être éteinte d'elle-même par le seul effet des affranchissements. L'esclave affranchi était présenté par son maître à l'Allting et prêtait serment d'obéissance aux lois. Alors seulement il entrait dans la classe des hommes libres, sans préjudice du patronage réservé à son ancien maître sur lui-même ainsi que sur ses fils et même sur ses petits-enfants. L'esclave n'était qu'une chose. On admettait cependant qu'il pouvait se racheter. On lui reconnaissait le droit de venger le meurtre de sa femme, et enfin l'amende payée au maître pour mauvais traitements infligés à son esclave profitait à ce dernier pour un tiers.

Les fiançailles sont un contrat entre le futur époux et le plus proche parent mâle de la future épouse. S'il n'y a ni père, ni frère, ni fils, c'est la mère qui parle. Ce contrat, en réalité, est une vente. Le futur époux paye le prix (*mundr*) fixé par la coutume à un marc d'argent, ou six aunes de *vadmel*, au moins. Le père de la future ou le parent qui la donne, à défaut du père, se porte garant, et déclare que la future n'a pas de défaut caché constituant un vice rédhibitoire dans les ventes d'esclaves ; le marché est alors conclu par la paumée (*handsal*) sans qu'il soit nécessaire de demander le consentement de la femme. Le mariage doit avoir lieu dans l'année. Il s'accomplit par la livraison de la femme au futur époux, suivie d'un repas de noces auquel assistent six témoins, et de la cohabitation. On ne trouve aucune trace d'une cérémonie religieuse.

Le prix de la vente, *mundr*, est remis à la femme et forme son douaire. C'est l'équivalent du *morgengab*. Quant aux présents que le futur époux fait à la future (*bekkiargiöf*) et quant à la dot que la femme apportait ordinairement en mariage (*heimanfylgia*), la loi ne s'en occupe pas. Le régime matrimonial est celui de la séparation de biens; toutefois les époux peuvent stipuler une communauté pour les meubles et les acquêts; il est même d'usage de faire une convention de ce genre, et, après trois ans de mariage, elle est présumée. La part de la femme dans la communauté est seulement d'un tiers, à moins de convention contraire. Le mari administre la communauté. La femme ne peut ni acheter ni vendre que jusqu'à concurrence d'une demi-*öre*, c'est à dire de trois aunes de vadmel, à moins qu'elle n'agisse comme mandataire de son mari.

L'union conjugale n'était pas indissoluble. On trouve dans les sagas plusieurs exemples de divorces pour cause déterminée, sans autre formalité qu'une déclaration faite en présence de témoins. Même après la conversion au christianisme, le divorce est encore permis, soit à raison de coups et blessures, soit comme moyen pour un des époux, dans les pauvres ménages, de se soustraire à l'obligation de nourrir les parents de l'autre conjoint.

A douze ans accomplis, le jeune Islandais jouissait de ses droits politiques: il pouvait être témoin, juré, juge. Il pouvait même se porter accusateur contre les meurtriers de son père s'il en était jugé capable par le parent le plus proche après lui. Mais il n'était majeur au point de vue civil et ne prenait l'administration de ses biens qu'à seize ans.

La tutelle appartenait au plus proche héritier présomptif. Il n'y a aucune trace de tutelle dative.

L'ordre des successions est le même que dans les autres pays scandinaves. Les fils d'abord, puis les filles, le père, puis le frère, la mère, la sœur. La ligne masculine passe toujours la première, mais aucune représentation n'est admise. Après cette première classe vient celle des héritiers illégitimes dans le même ordre. La troisième comprend les aïeuls et les petits-fils, les oncles et les tantes, les neveux et nièces. Chaque degré exclut le suivant et les appelés au même degré partagent par tête. Au delà la succession se partage par moitié entre la ligne maternelle et la ligne paternelle, et dans chaque ligne elle est recueillie par le plus proche en degré. C'est toujours, comme on le voit, le système des parentèles.

Le testament est inconnu.

L'héritier n'est pas tenu des dettes *ultra vires*. Après le décès une liquidation a lieu dans une forme qui mérite d'être décrite. Tous les créanciers sont convoqués au moyen d'une déclaration faite par les héritiers dans l'assemblée cantonale. La réunion a lieu quatorze jours après, au domicile du défunt. Un tribunal de douze juges est nommé, moitié par les héritiers, moitié par les créanciers. Cinq voisins sont appelés pour former une *kvid*, et l'on procède à la liquidation, qui doit être terminée le même jour. Les créanciers qui ont un gage ou une hypothèque reçoivent en payement la chose engagée ou hypothéquée, sauf à restituer l'excédent de valeur, s'il y en a un. Les autres créanciers reçoivent en payement les autres valeurs, au marc le franc de leurs créances. Toutes les questions litigieuses qui peuvent s'élever à ce sujet sont tranchées séance tenante par les douze juges. C'est ce qu'on appelle *skulda domr*.

La forme usitée pour la conclusion des contrats est la paumée (*handsal*). Toutefois la loi exige dans quatre cas que le contrat soit passé devant témoins, à savoir lorsqu'on achète une terre, une seigneurie, un navire ou une femme. L'achat de la femme était en effet, comme nous l'avons vu, la forme primitive des fiançailles. Il faut aussi des témoins pour constituer une hypothèque, parce que l'hypothèque est en réalité une vente à pacte de rachat. Il faut de plus, pour l'hypothèque, que le contrat soit publié à l'Allting. Il en est de même de la réserve du droit de retrait dans toute vente d'immeuble. L'exécution des obligations est rigoureuse : le débiteur insolvable est mis en servitude jusqu'à ce qu'il se soit acquitté.

La loi règle d'une manière fixe et avec minutie le taux des salaires et les obligations des fermiers. Elle règle aussi le taux maximum de l'intérêt (à 10 p. o/o).

La loi des pauvres forme à elle seule un livre spécial. La mendicité est interdite ; chaque circonscription comprenant en moyenne vingt propriétaires (*Hrepp*) est tenue de nourrir ses pauvres ; elle nomme à cet effet une commission de cinq membres qui assignent à chaque propriétaire les pauvres aux besoins desquels il doit pourvoir. Toutefois la circonscription n'est tenue qu'à défaut de la famille. L'obligation alimentaire est inséparable de la parenté, et les parents sont appelés à s'en acquitter dans l'ordre où ils seraient appelés à la succession.

Enfin la loi contient des dispositions qui créent une sorte d'assurance mutuelle, entre les habitants, contre les incendies et les pertes de bétail. Signalons aussi le jury rural, qui juge sur place les questions de bornage et les questions de propriété incidentes au bornage.

IV.

Il nous reste à parler des lois relatives au meurtre et au vol. C'est toujours l'ancien droit de la vengeance, tempéré par l'intervention de la puissance publique qui s'efforce d'amener les parties à conclure la paix. Les peines sont l'amende, dont le taux ordinaire est de trois marcs, la

proscription (*skovgang*), et le simple bannissement (*fiörbaugsgard*). Nous avons déjà trouvé ces peines dans les autres lois scandinaves, mais le Grágás les distingue et en décrit les effets avec un soin particulier. Le proscrit est excommunié et retranché de la société. Ses biens sont confisqués, son mariage dissous, sa personne livrée à l'attaque du premier venu (*ohelgi*). Nul ne peut lui donner un asile ni l'aider à fuir à l'étranger. Même en pays étranger tout Islandais peut le tuer impunément. Il ne lui reste qu'à gagner la forêt ou la montagne et à se faire homme des bois (*skovmadr*) jusqu'à ce qu'il meure de misère, s'il ne tombe pas sous les coups de ceux qui le poursuivent. Une *saga* islandaise raconte l'histoire d'un de ces proscrits, nommé Gretter le Fort, qui supporta dix-neuf ans une pareille vie, et périt enfin surpris dans sa retraite, au moment où l'Allting décidait que l'effet de la proscription cesserait de plein droit après vingt ans (en l'année 1030).

Bien différente est la condition du simple banni. Ses biens sont aussi confisqués, mais, en payant un marc au seigneur, il obtient la permission de demander l'aumône et de vivre dans trois endroits désignés. Il peut habiter un mois dans chacune de ces trois résidences, et se rendre de l'une à l'autre sans avoir à redouter aucune violence, pourvu qu'il ne s'éloigne pas à plus de deux cents pas, et que sur la route il cède le chemin aux passants. Pendant trois ans, trois fois dans l'été, il doit se présenter au rivage et requérir un maître de navire de le prendre à son bord pour le conduire à l'étranger. S'il ne justifie pas de ces réquisitions et s'il reste dans l'île après trois ans, ou s'il y revient après moins de trois ans d'absence, il est proscrit et hors la loi.

Le proscrit était une bête malfaisante dont il fallait encourager la destruction. Quiconque tuait un proscrit recevait une prime. Un proscrit même pouvait en tuer un autre, et alors il obtenait un adoucissement de sa peine, qui était commuée la première fois en bannissement perpétuel, puis en bannissement temporaire. La grâce entière était le prix du troisième meurtre. Les amis ou les parents d'un proscrit pouvaient le sauver de la même manière, en rapportant la tête d'un autre proscrit.

L'amende était réservée pour les moindres délits. Elle était attribuée pour moitié à la partie et pour moitié au canton (*harde*).

Pour donner une idée de la manière des jurisconsultes islandais, nous allons analyser le livre des crimes.

Un homme peut attaquer un autre homme de neuf manières. Il peut frapper d'estoc ou de taille, d'une flèche ou d'un projectile, ou d'une masse. Il peut encore renverser sa victime, ou lui arracher ce qu'elle tient à la main, ou la secouer, ou la saisir à la gorge. Dans les cinq premiers cas, la peine est la proscription ou le bannissement simple, suivant que le coup a porté ou non. Dans les quatre derniers, la peine est toujours la proscription. Dans tous, l'attaqué use du droit de légitime défense en tuant l'agresseur sur la place et au moment de l'agression. Au point de vue du résultat, la loi distingue la blessure avec sang versé (*sar*) ou avec fracture (*drep*) et le meurtre (*vig*). Dans les trois cas la peine est la proscription. A plus forte raison en est-il de même du meurtre dissimulé, ou assassinat (*mord*).

S'il n'y a pas de témoins oculaires du fait, celui qui veut intenter l'action criminelle doit réunir cinq voisins et déclarer en leur présence le fait, et l'intention qu'il a d'en poursuivre l'auteur. Il n'en a pas moins le droit de se faire justice à lui-même jusqu'à l'époque du prochain Allting.

La preuve est faite par l'accusateur au moyen d'une *kvid*, c'est-à-dire, comme nous l'avons déjà expliqué, par la déclaration de neuf voisins.

Il y a six femmes sur le corps desquelles tout Islandais a le droit de tuer. Ce sont l'épouse, la fille, la mère, la sœur, la fille adoptive et la mère adoptive. L'ancienne loi athénienne consacrait le même droit, dans les mêmes termes, avec cette seule différence qu'elle ne parlait ni de la fille adoptive ni de la mère adoptive et qu'elle ajoutait la concubine[1]. Cinq voisins sont appelés pour donner leur déclaration tant sur le meurtre que sur le fait qui l'a provoqué, et l'auteur du meurtre doit donner, en présence de témoins, assignation au cadavre à comparaître devant le prochain Ting pour être proscrit et ses biens confisqués.

Les mineurs au-dessous de douze ans ne sont pas personnellement responsables des meurtres commis par eux. Mais leurs parents payent l'amende.

La poursuite du meurtre appartient au plus prochain héritier, pourvu qu'il soit âgé de seize ans au moins; les parents sont appelés dans l'ordre suivant : le fils, le père, le frère, le fils naturel, et ensuite le plus proche en degré. S'ils sont plusieurs au même rang, ils exercent collectivement la poursuite et ne peuvent transiger qu'à l'unanimité. C'est encore la disposition expresse de la loi athénienne : Πάντας, ἢ τὸν κωλύοντα κρατεῖν[2]. S'il s'agit du meurtre d'une femme, le mari partage le droit de poursuite avec le fils, le père et le frère, et l'exerce seul à défaut de ceux-ci. La loi

---

[1] Loi de Dracon citée par Démosthène, *contre Aristocrate*, § 53 : Ἐάν τις ἀποκτείνῃ . . . ἐπὶ δάμαρτι, ἢ ἐπὶ μητρὶ, ἢ 'ἐπ' ἀδελφῇ, ἢ ἐπὶ θυγατρὶ, ἢ ἐπὶ παλλακῇ ἣν ἂν ἐπ' ἐλευθέροις παισὶν ἔχῃ.

[2] Démosthène, *contre Macartatos*, § 57.

règle aussi le droit de poursuite en ce qui concerne le meurtre de l'homme qui est en servitude pour dettes, de l'affranchi et de l'étranger.

En cas de blessure ou de meurtre, la vengeance privée est permise jusqu'au prochain Allting; elle doit s'arrêter, pourtant, si, dans les trois jours, le meurtrier offre la composition. Celle-ci ne peut être refusée, mais le règlement ne peut avoir lieu que devant l'Allting, à peine de bannissement. Il est fait par douze arbitres, et s'élève ordinairement au double de l'amende légale, qui est de 15 marcs.

Sont considérés comme graves entre tous les crimes suivants : Meurtre commis dans l'Allting, incendie d'une maison habitée, meurtre commis par un esclave sur la personne de ses maîtres, meurtre avec recel du corps. Dans tous ces cas, la peine est la proscription, et la prime promise à qui rapportera la tête du proscrit est portée à 3 marcs.

Les amendes prononcées contre l'auteur d'un crime ou d'un délit sont à la charge de la famille, et réciproquement l'amende payée est partagée entre les parents mâles de la victime. Cette participation active et passive a lieu dans un certain ordre qui n'est pas précisément l'ordre successoral. Dans le premier cercle (*Baugr*) sont le père, le fils et le frère. Ils payent ou reçoivent 3 marcs. Le second cercle paye ou reçoit 2 marcs et demi et comprend l'aïeul paternel, le fils du fils, l'aïeul maternel et le fils de la fille. Le troisième paye ou reçoit 2 marcs et comprend le frère du père, le fils du frère, le frère de la mère et le fils de la sœur. Enfin le quatrième et dernier cercle paye ou reçoit 1 marc et demi et comprend les fils du frère du père, les fils du père adoptif, ceux du frère de la mère et ceux de la sœur de la mère. L'échelle s'étend au delà et descend jusqu'à une *öre*, c'est-à-dire un huitième de marc, pour les parents au cinquième degré.

Les injures sont punies, suivant les cas, de la proscription, du bannissement ou de l'amende. La preuve des faits diffamatoires n'est pas permise. Les chansons injurieuses sont particulièrement interdites. L'Islande en effet a été le berceau de la poésie scandinave et les plus célèbres guerriers de l'âge héroïque islandais ont été des poètes.

Les dispositions relatives au vol sont rares et brèves. Le voleur pris en flagrant délit peut être tué impunément. Si l'objet volé vaut plus d'une demi-*öre*, la peine est la proscription, outre la restitution au double, et une amende de 3 marcs. Si le voleur a caché pendant un an la chose volée, il peut être condamné à la servitude. C'est le seul cas où le droit islandais prononce la perte de la liberté.

La perquisition des choses volées a lieu avec certaines formalités particulières. Le poursuivant se présente avec trente voisins. Le prévenu en réunit de son côté trente. La perquisition est requise et ne peut être refusée. Le poursuivant entre alors dans la maison avec trois voisins. Une des personnes convoquées par le prévenu porte la lumière et ouvre les portes. Après la perquisition faite, le résultat en est constaté par le verdict d'un tribunal de douze personnes dont chaque partie nomme la moitié. C'est le tribunal de la porte (*dyra domr*). Telle était du moins la coutume primitive, car le Grágás l'abroge et renvoie les affaires de ce genre aux tribunaux ordinaires.

En cas d'injure et de vol, la poursuite doit être intentée devant l'Allting dans les trois ans. Il n'y a pas de disposition semblable pour le cas de meurtre, ce qui se comprend facilement, puisque la poursuite du meurtre était obligatoire. La même particularité se retrouve dans la loi athénienne et s'explique sans doute par la même raison.

Telles sont les principales dispositions des anciennes lois islandaises. Nous avons signalé de préférence celles qui paraissent se rattacher aux traditions primitives, aux idées morales et religieuses de la grande famille des nations aryennes, et portent encore l'empreinte originaire. A ce point de vue, les lois scandinaves sont particulièrement intéressantes, et jettent souvent un jour inattendu sur des points restés obscurs pour nous dans les législations anciennes. La science historique doit beaucoup à la munificence des gouvernements qui ont fait les frais de ces grandes publications, au labeur des savants qui les ont préparées. Pourquoi la France ne suivrait-elle pas cet exemple? Pourquoi ne publierait-elle pas, elle aussi, le recueil de ses anciennes coutumes nationales? C'est une question que nous nous contentons de poser, et qui peut servir de conclusion à tout notre travail.

Imprimerie nationale.. — Septembre 1881.

CERCLE DE LA LIBRAIRIE, DE L'IMPRIMERIE
DE LA PAPETERIE, DU COMMERCE DE LA MUSIQUE ET DES ESTAMPES
117, boulevard Saint-Germain, 117

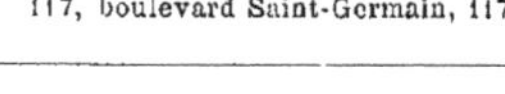

LA PROTECTION

DE LA

PROPRIÉTÉ LITTÉRAIRE

A L'ÉTRANGER

Conférence faite au Cercle de la Librairie, le 18 mars 1881

PAR

M. GERMOND DE LAVIGNE

Membre de la Société des Gens de lettres.

MESSIEURS,

Il y a un peu plus d'une année qu'il m'a été donné d'étudier ici, pour la première fois, cette question très intéressante, très délicate, des droits de la propriété littéraire, et de la protection de ces droits contre la contrefaçon à l'étranger.

Votre président avait entre les mains des exemplaires de reproductions d'œuvres françaises, faites dans une ville de la Saxe royale, à Naumbourg, auprès de Leipzig, lesquelles, à l'heure présente, atteignent au moins un chiffre de quatre mille volumes.

Cette entreprise affectait également vos intérêts et ceux des auteurs; elle avait vivement ému ceux d'entre vous dont les publications étaient réimprimées. Il fut convenu qu'une conférence aurait lieu entre le Cercle de la librairie et la Société des Gens de lettres: votre commission de la propriété littéraire fut convoquée, la nôtre délégua auprès de vous deux de ses membres, et, réunis comme nous devons l'être toujours par cette question d'existence commune, nous eûmes à examiner où était notre droit, où était la fraude, où cessait notre droit, où l'entreprise de Naumbourg pouvait être légitime.

Nous examinâmes la convention entre les deux pays, restée en vigueur même après l'entrée de la Saxe dans la grande fusion de l'Allemagne du Nord; il nous fut démontré que la Saxe avait reconnu au livre français, chez elle, une protection égale à la protection que ce livre peut obtenir en France, mais à la condition d'avoir été avant tout l'objet de formalités nettement déterminées.

La solution de la question présentée dans notre réunion, des plaintes émues articulées par les auteurs et par les éditeurs, était donc celle-ci :

« Avez-vous fait ce que la convention vous oblige à faire, pour que votre propriété soit préservée?

« Avez-vous fait enregistrer votre livre à la légation étrangère? Avez-vous fait cette déclaration dans les trois mois qui ont suivi la publication du livre? Avez-vous reçu le certificat de cet enregistrement, destiné à consacrer votre droit exclusif sur la propriété et sur la reproduction?

« Si oui, vous avez votre recours légal ;

« Si non, vos plaintes sont superflues. »

La solution ainsi posée, le devoir de votre commission et de votre président était nettement indiqué :

Remettre à chacun des éditeurs la liste des livres publiés par eux et réimprimés à Naumbourg.

Le devoir des éditeurs était de rechercher leurs déclarations aux légations étrangères, de constater quels livres avaient été opportunément enregistrés, pour quels autres la déclaration avait été omise; passer condamnation pour ceux-ci; faire de ceux-là une liste accusatrice.

Alors devait s'ouvrir la période d'action ; au nom des éditeurs et des auteurs, on demandait aux tribunaux allemands de déclarer contrefaçon la réimpression des œuvres régulièrement préservées. Il y a, certes, des juges à Berlin, et nous obtenions, nous gens de lettres, vous éditeurs, l'équitable réparation du tort que nous avons souffert.

Pourquoi, Messieurs, votre enquête s'est-elle interrompue ? Pourquoi ne vous défendez-vous pas, et ne nous défendez-vous pas ?

Je n'ai pas l'intention de faire ici un historique plus étendu de l'incident de Naumbourg, il est encore temps de reprendre vos recherches et d'engager l'action. Ce que je voulais, c'est vous offrir un exemple de ce qu'est, à peu près partout encore, cette question de la propriété littéraire à l'étranger.

J'ai entendu, depuis plusieurs années, se produire de vives réclamations : on a parlé de piraterie littéraire, on a parlé de traductions illicites, d'adaptations effrontées ; je crois qu'à toutes ces réclamations il est possible de répondre de la même manière : « Vous êtes-vous protégés comme vous deviez le faire ? »

Et remarquez, Messieurs, que cela vous intéresse tous. Il est difficile d'apporter un sujet plus opportun, plus pratique, devant le Cercle de la librairie ; car cela s'applique aux œuvres d'esprit et d'art, aux livres, aux cartes géographiques, aux œuvres dramatiques, aux compositions musicales ; aux œuvres de dessin, de peinture, de sculpture, de gravure ; aux plans et croquis scientifiques, à toute reproduction quelconque du domaine littéraire, scientifique ou artistique.

Je vous demande, Messieurs, de vous protéger en observant les formalités qui vous sont imposées ; mais je me garde bien de faire l'apologie de ces formalités. Elles existent ; il faut nous y soumettre, jusqu'à ce qu'elles n'existent plus.

Il ne faut pas croire que vous y ayez satisfait, que vous vous soyez suffisamment protégés lorsque vous avez inscrit de